JN438080

슬픔의 반란

슬픔의 반란

신동명 시집

을지출판공사

자괴하고 분노하고 저항하는 괴로운 신음

생명과 애정의 한 모습을 시의 중심으로 삼고 있는 신동명 시인은 주체자로서 자신을 그려내고 있다. 다시 말해서 사물의 실체를 파악하면서 간접적으로 자괴自愧하고 분노하고 저항하는 괴로운 신음소릴 냈는가 하면 찬란한 빛에로의 갈망渴望, 찬미讚美, 회향廻向 등을 나타내고 있다.

—을지출판공사 발행인

시인

무소의 뿔 홀로 키우는
존재의 떨림은 가시밭길

오다가다 울안에 갇혀
가도 오도 못 하는 어리석은 짐승인가
제가 쳐 놓은 덫에 걸렸다고

서산에 해 기울노록 울고 있네
오오래토록 우우네—

내 혼불 내 갉아먹다 갈
그 순간까지 부둥켜안을

2006년 겨울 녘
불광산 기슭 藝舍廊에서
書映 申 東 明

차 례

제2부

제3부

제4부

제1부

슬픔의 반란

고요히 흐르던 물결이
반란을 일으키면 해일져 넘쳐난다
내 안에
수없이 반짝이는 물비늘들
꼬리를 물고 첨벙거린다
어떤 놈은
날쌔게 수초 사이를 헤집고
어떤 놈은
현란한 산호의 꾐에 빠져
좌충우돌 혈분을 방출하기도 하고
또 어떤 놈은 새벽달 돋도록
포획 당할까 봐
제풀에 놀라 모래무지가 되기도 한다
수없이 돌고 돌아
도달한 꼭짓점은
인장처럼 찍힌 뒤에 가라앉는
앙금일 것을
지레 타들어 갈 상혼傷魂
쓰다듬다 부둥켜안다
끝내 대못을 쾅쾅 때릴 뿐.

샛강 풍경

지류 따라 흐르는 샛강 물에
오색 꽃물 들이는 맑새

엄마 뒤 따라 물오리 새끼들 동·동·동
한 폭 민화民畵 수놓는데

날갯죽지 힘 빠져도
가다 말다 뒤돌아보는 홀로 새벽 달

시운거리는 바람에
한들한들 귀 여는 갈대 수풀 새로

"나 잡아 봐라." 술래잡기하는
모래무지, 쏘가리 잔챙이들

눈부신 하얀 발래복 입고
우아하게 독무獨舞 추던 해오라기

나르시스에 빠졌는가
물속 제 모습만 골똘히 들여다 보네.

*밝새 : 청명한 날 하늘에 뜬 새벽노을. 사전에 없음

벤치 위 풍경

제 몸 둥그렇게 부풀려
지는 해 끌어안고 입 맞추는 노을

인적 드문 공원 벤치 위
다리 오그리고 새우잠 재촉하는 노숙자
푹 꺼진 볼 위로
한 줌 남은 볕이 고달프게 기어간다

고향 집엔 지금쯤
눈 흐려져 가는 노모도
까까머리 자식도 귀 열어 놓고
문살이 닳도록
아비가 돌아오길
기다리고 있을지도 몰라

돌아갈 길 잊었을까
밤의 휘장 속으로
까맣게 타 들어가는 낡은 구두짝.

명암明暗의 안팎

빗방울 동그랗게 우산 핀 창량천
아버지의 아들과 아들이
게 구럭에 줄낚시 드리우고
살살 낚아 올리는 세월

빗줄기에 수초들 허리 꺾을 때
밑밥 먹다
댓바람에 명〔生〕줄 바꾼 참게 다리
아등바등 빈 하늘 움켜쥐는데

뿌그르르 게거품
소리 없는 호곡소리 하늘 끝 멀리 난다

식탁이야 얼마 후면
진수성찬 되겠지만
널 조상弔喪하는 목소릴 설마 듣겠느냐

딸랑딸랑 지관 다지는 소리
누군들 제 힘으로 비껴갈 수 있을까.

썩지 않을 그림

어쩐지 눈부시다 했다. 개죽 나무 밑동 의자에 주령을 들고 앉아 언제부턴가 먼 시정施政을 회상하는 노인. 세월이 흐를수록 더욱 생생하게 큰 빛으로 살아남을 독립투사 박내중 님의 따님 박노파(77세)의 눈빛이 형형하게 빛남은 과연 썩어도 썩지 않는 피 내림임을 알겠다. 아버지 심부름으로 군자금을 책보인 양 허리에 둘러매고 살을 벨 듯한 차가운 청천강을 수시로 넘나들었다던 그녀. 아버지의 유해가 잠들어 있는 싱가포르그 머나먼 지역으로 거침없이 달려가는 그녀의 눈동자가 때때로 하늘의 별을 닮아감인지 초연超然하다. 아버님이 자랑스럽다는 그녀 입가에 지지 않는 별이 떠 있음을 나는 몰래 숨죽이고 훔쳐보았다.

화석이 되어 오래도록 빛날 정물화 한 점.

유성 流星

눈물 젖을 때
가장 빛나는 밥바라기 별

삶이 버거울 때
못 견디게 보고픈 사람 있을 때

별은
하늘에서 내려와
소망 되고
소망은
하늘로 올라가 별이 된다

날개 달고 올라가
별이 되고픈 지금
저 별은 뉘 별이기에 저리 빛날까

향기 없는 때깔만 덧칠한
목 디스크 별들
우수수 별똥별 긋는 이 밤에.

아가꽃

산부인과 분만실
세상 비집고 나오는 고고성呱呱聲

비집고 나갈 길이라니?
한평생 살아가려면
필수 아미노산 · 미네랄 · 비타민, 어쩌고
수없이 통과해야 할 의례절차
아뜩한 현기증

사는 동안
열두 번 넘게 제줄 넘어도
내종에 흙 되고 바람 될 목숨들

신의 추 저울에 달면 몇 수만에
낙점 되어 떨어질까

질 때 지더라도
끊임없이 피고 지고 피어날
장하고 장한 아가꽃이여!

너희 있어 숨 고르는 산 목숨들
구차해도 함박꽃 웃음 짓는…….

그댄 등댓불

자우룩이 안개 내리는
밤늦은 시각
커피 한 잔 들고 거실 창가로 다가서면
저 아래 상가商街
색색의 네온사인 꽃등불
유리창에 수채화로 번져 흐른다

청 탑의 붉은 십자가 아래
독버섯처럼 피어난 홍등은
삶의 뒤안길에서 비틀거리는
영혼의 달구지일까
인내로 삶을 다지는
눈물방울 꽃등불도 있겠지

신기루처럼
물에 떠서 술렁술렁 아득하게 흘러가던
바라나시 갠지즈 강가 등불

눈 감아도 환히 보이는
그대 가슴속 불의 제전 꽃등불
꺼지지 않는 나의 밤바다 등댓불.

새벽 산책 길

밤새 보초 섰던 초목들
휘뿌윰한 물안개로
해맑게 샤워하는 사이
발뒤꿈치 들고
살금살금 걸어오는 먼동

재깔거리는 잎사귀들 수다에
귀 곧추세우는 청솔모
멧새 울음소리도
물기에 푹 젖어 끌탕이다

저 아랫동네 새벽잠에 빠진
인기척 없는
야트막한 지붕들
간밤 꿈자리는 편안들 하셨는지

내 마음 창窓이
싱그럽게 씻겨 지는
기분 좋은 새벽 산책 길
누구, 나와 함께 할 이 어디 없소!

단풍은 알까

여름내 고열로 앓던 열병
툭툭 터져
기승을 떨치는 열꽃잔치 눈부시구나

산다는 게 매양
마디진 체증 같다 들볶아 치더니
드디어 터졌네 그려

허긴, 그도 그럴 게야
어디든 제 성깔대로 불붙지 않고는
질식하고 말 테지

쓰리고 따가워도
터진 종기는 시원하다?

평생 앓을 고질병이 삶인 것을—

가을을 앓다

문 닫아걸어도
어느새 창틈으로 쏟아져 들어오는

낙엽의 밭은기침 소리

가슴 시려 돌아눕다.

월출산 동백冬柏

시퍼런 달빛 등에 업고
구불구불 구절양장
지류 타고 구르던 오월의 동백꽃

도란도란
귀여울 돌아나가던
물소린 변함없는데
다정한 말들은
바람 속으로 사라져 갔는가

그대들 지금
어느 하늘 밑 둥지 틀고
추억 더듬어 내리는지

동백꽃에 어린 얼굴, 얼굴들

높이 떠 흘러가는 천황봉 구름아
날 태워 훨훨 날아
보고픈 동무에게 데려다 주렴.

산을 보다

과묵한 산

진눈깨비, 칼바람 파고들어
옹이 박혀도 진득하게 품어 삭히는 산

나,
그 사랑 닮아

그대 서탁書卓에
한 점 혼유석魂有石으로
정갈히 놓일 순 없을까?

민들레 홀씨

눈, 귀 어두웠던
어수룩한 숙맥 바람꽃씨

황금광배 두르던 시절
그댈 향해 피어나던 환한 웃음

통통 튀게 눈부실 땐
까칠한 몰골 될 줄 몰랐다

진 다 빠져 홀대받던 날
자신이 썩어야
새 생명 잉태됨을 눈치 챘다

발밑에 짓밟혀도 천상계단
훠이 훠~이 날아가

흙 속에 뼈를 내리던 날
고고의 성 통쾌하게 터뜨렸다.

고목 있는 폐가

꽃사슴 초롱하던 눈매
산그늘로 내려앉고
대꾸 헛바람 부는
숭숭 뚫린 관절

거멓게 부식한 고목枯木
가물가물 짓무른 눈망울엔
오늘도 어제인 듯
기억조차 파삭거려

푸른 달빛 밝혀
갸갈갸갈 고담古談 소설 읽던
귀뚜라미 꿈결에 들자

텅 빈 뜰 서성거리다
재 넘어가는 새벽달님.

푸접 없다

오랜 가뭄과 씨름하던 초목들
빗물에 미역 감는 오솔길

잎사귀에 고였던 물방울
후두두둑 경쾌한 실로폰 소릴 낸다

제 발걸음 소리에 취했는가
세상살이에 취했는가
온갖 시름 다 떠맡은 듯
실비 속을 거니는
저기 가는 저 사람

마음 한 번 열면
우산 속 지기지우도 될 법한데
남녀라 내외內外하는가
비를 쫄딱 맞는구려

"명분 · 실리 다 따져 명옐 가져도
죽음의 벽 뛰어넘든 못 하리."

빗속을 나뒹굴며 '껄껄껄' 웃는
주인 잃은 망두석忘頭石

* 푸접 없다 : 붙임성 없다

절벽 · 2

악연惡緣이란 가당찮은 덫에 끼어
비아냥거림으로 진창 씹혀도
무방비로 두 손 내주는 속 쓰린 날
가슴 훑는 회오리바람 소릴 듣다

명치에 묵직하게 매달린
번뇌 뭉치
터뜨릴 길 막혀 기진맥진할 무렵
졸아든 제 명만큼의 부피를 만져본다

허우적거리는 기억의 단층
도드라지는 생살 찢는 아픔

명줄 어느 만치 닿아 있는가
샅샅이 더듬어 봐도 끝내 정체를 숨긴
생生, 그 무적 지근한

피멍 든 가슴
드럼통에 넣고 돌리고 돌려도

비웃듯 되살아나는
회오리바람아, 차라리 토네이도 되거라.

순간 스케치

할머니에게 칭얼칭얼
치근대는 어린 손녀

"밥이랑 약 잘 먹고 커지면 온데도 그러누나."
"치, 할머닌, 맨날맨날 가짓뿌링만 하구."

원망스런 눈물이
그렁그렁 고이는 아이에게
거기는 우리가 갈 수 없는 곳이라며
어찌할 바 모르고
손녀를 달래는 할머니
'툭' 치면
허깨비처럼 쓰러질 것만 같은

조제실에서 약봉질 받고
조손祖孫이 떠나간 일순,
휘청거리던 공기
이내 평평하게 펴져 제자리 찾아 앉는다.

해님도 빙긋 웃는

마음이 저 먼저 건너가는 대로大路 건널목
파란 신호등 따라
기다리던 발걸음들 어긋매끼로 건너간다

◀◀◀◀◀ 충층 쌓인 파란 불 차츰 사위어 가건만
지체 장애인, 아직도 길 한복판에서
발 절며 아슬아슬 외줄 타기

심호흡 죽이며 기다리는 양편 차량들의 눈과 눈

뒤늦게 다급히 건너가던 행인
힐긋 뒤돌아보다 잽싸게 장애인에게 다가가
천천히 행보 맞추어 함께 횡단한다

짱이야!!
무지개로 일어서는 소리 없는 쾌재

해님도 빙긋이 웃는 다아 늦은 오후 한때.

선무당 사람 잡다

말에 말이 따라붙으니

차례차례 쓰러져 갈 이들 무수하게 깔렸구나!

말장난은 새가 물어갔다.

빗속 판소리

내장까지 젖어오는 부슬비
옷깃 절로 여며지는데
어디선가 절규하는 피맺힌 소리

여기일까 저기일까
두리번 두리번
풀숲을 헤쳐 봐도

구름 위 신선이었을까
모습은 아니 뵈고
허공만 길게 가르는 판소리.

제2부

옛날 동화 스케치

꼭 그날 같다
하얀 눈송이 나부끼는 것이

아무 말 없이
앞뒤로 따라다니던 머슴아
내가 빨리 걸으면 그도 재우쳐 걷고
느릿느릿 걸으면 그도 느릿하게
쇼윈도 들여다보는 척
옆 눈으로 슬쩍 살펴보면
얼른 아닌 척 딴 곳에 눈길 주던 그

알면서도 모르는 척
혀 날름대며 시치미 뚝 뗐었지
좀은 따분하게 성가시게도 여겼었지

천상으로 날아간 하얀 나비 넋
수천수만 눈송이들 중에
그의 넋은 어디에 머물러 있을까

눈밭 속 동환 아직도 게임 중이야
귓갈 스쳐가던 속삭임

이젠 들을 수 있으니
빛진 만년 술래는 나일밖에.

베개 송頌

한낱 재티로 말갛게 사루어질
헐벗은 가난한 육신이지 우린

무던히도 날 지켜 봐 줬지
오욕에 떠밀려 좌초한 삶이
짚단처럼 허물어져 내릴 때도,
환희가 목까지
차오를 때도 묵묵히 날 받쳐 주었지

살 맞은 짐승처럼
궁지로 내몰릴 땐
오열로 불면의 밤 함께 삼켰지

마지막 숨 몰아쉴 때
눈물 한 방울 굴러 내릴 낡은 베개여

우리, 화염 연소실에 던져질 땐
온갖 짊어진 짐 기꺼이 벗어 놓고
훨훨 날아오르자
꽃다이 피어날 저 먼 나라로—

껄덕새 에나멜 구두

은어 떼 몰리 듯 사람들 오가는 전철 환승장
사람 냄새에 취한 신발들 떠밀려간다

육이오 동란 끝난 뒤, 동네 신갈이 아저씨
손바닥만 한 점포엔 구호물자 계집아이
까만 에나멜 구두가 날 빤히 쳐다봤다
반짝이 구두코 보려고
매일 납작코 되어 유리창에 매달렸다
어느 날부터 안 뵈더니,
곱슬머리 정아가 신고 다녔다 오빠가 사 줬다고 뻐기며

낙망落望은 오랫동안 날 끈질기게 닦달했다
숙녀 되던 해, 앞에 끈 있던 비슷한
에나멜 구둘 사기 위해 상가를 헤집고 다녔다

차고 넘쳐나도 채울 수 없는 껄떡새 에나멜 구둔
평생토록 내 발 수없이 혹사시켰다
펄펄 끓는 아스팔트, 물큰거리는 진흙탕
구린내 나는 곳, 살얼음이 얼 듯 살벌한 곳도

종착역 갈 내 환승장은 얼마나 더 남아 있을까?
베버선으로 바꿔 신기 전
보송보송 깨끗한 곳만 골라 디디고 싶다
화염 불꽃 될 내 껄덕새 에나멜 구두.

앓을 땐 힘들어도

밤새도록 유리창문 덜컹이던 바람들
눈물 콧물 연신 쏟아낸다

누군들 평생 고뿔 안 앓아 본 적 있다더냐
맘 시린 열꽃에
벌겋게 화상 입지 않은 적 있다더냐

그쯤
눈비에 젖은들 그 무슨 대수일까

앓을 땐 힘들어도
앓고 나면
손가락 한 마디쯤 '쓰으 쑥' 자라날 것을…….

끝내 부를 이름

단내가 나도록
하루 온종일 입 꾹 다물고
속내를 보이지 않던 그 사람

가쁜 숨 몰아쉬며
단말마로 터진 외마디
어머니!

나 비로소 알았네
황천길 떠날 때 마지막 부를 이름이
"어머니!"임을.

마른 풀꽃

거치디거친 돌개바람에
풋풋하던 향기
잦으러지고

텅 비어
추레해진 줄기세포
건 버짐만 피었구나

널 애무하던 눈길 변한
내 맘 새삼 부끄러워
두 눈 꼭 감고
이별의 긴 입맞춤 하렸더니

목 떨군 그 모습
내 빛바랜 초상화 같아
행여 바스러질세라
내 맘, 갈피 속에 고이 심는다.

동서 同棲

낯모르던 이웃도 정이 들면
이웃사촌 되는데

우린,
비바람 불면 함께 젖고
진눈깨비 내리면 울력으로 감싸는
한 나무에 돋아난 가지가 아니던가

오순도순 정 도탑게 살아가다가
앞서거니 뒤서거니
이 세상 하직하면
'안녕' 이라 손 흔들어 배웅해 주고

저 세상 갈 땐
맨발로 마중 나와
꽃길 인도해 줄 우리 사이인 것을.

벚꽃 피던 날

빨그레 입술조차 야물어
무시로 내 속 태우더니
봄바람에 못 이기는 척
기세 좋게 꽃 폭죽 터뜨렸구나

공원 가등街燈 불빛 타고
하늘하늘 군무群舞 추는
수천수만 분홍 나비 떼 속삭임

나, 그 꽃그늘 아래
옛날 옛적
새끼손가락 걸어 맹세했지

그댈 그리매 붉은 열꽃처럼
돋아나는 언약, 언약들
에둘러 찾아봐도
애송이 봄바람만 희롱할 뿐,
텅 빈 공원 벤치

꽃잎 속에
얼굴 왈칵 파묻고야 말았네.

울지 못하는 갈대

푸르게 돋아나던 시원始原
한세상 애저리고 살다 보니
어마지두
노을 깔린 모롱이라
빛바랜 꿈으로만 남았구나

긴 긴 세월 흘러가도
아물지 못할 바큇살 자국

높바람에 바스러진 삭신
눈물꽃 날려도
떠오르는 눈빛 있어
절대 울지 않는다 갈대는

속으로만,
기어이 속으로만 흐느낄 뿐—

바람 몹시 불던 날
—알고 싶어요

엉겨 붙는 바람 때문에
제 명대로 못 살겠다 아우성치던
소나무를
엄살쟁이로만 착각했습니다

세월자락 갈피갈피 들춰 보면
저 혼자 섧게 불다가
저 혼자 애처롭게 떠나갈 바람

전신으로 사투를 벌이던
어설픈 풋내기 바람
이제야 어슴푸레
누구였나를 알 것도 같습니다

그렇다면
바람을 덩굴째 부러뜨린
내 안의 당신은 누구셨나요?

물망초

물그림자로 훌쩍 흘러간 세월

당신,

내 머리 하얗게 파뿌리 됐어도
살며시 껴안아 줘요

등 뒤에서 아무 말 없이

그냥
그렇게— 그렇게요.

염원念願
—내가 나일 수 있다면

활활 전신으로 날 태워
차디찬 무쇠난로 데우며
인신 공양하는 장작불

언제 나 한 번
저처럼 나를 태워
뉘를 따스하게 해 준 적 있던가!

폐기 처분된 토큰처럼
명줄 뿌옇게 바래도 왜 질긴지
생리의 근원조차 모를 뿐
허구한 날
돌아치며 물먹는 숙맥

이승의 삶 몇 천도로 구워져야
불사리로 태어날까

타다가, 타오르다가
푸시시 꺼진 나무토막처럼
매캐한 연기나 피우지 말았으면.

발바닥

하늘 찌를 듯한
당찬 기암괴석
높다란 둔덕
무성한 수풀 깊은 골짜기

중중모리
자진모리
급격한 물살 타다가
마침내 낙차하는

우주 섭리의 비경
신비로운 동굴 아닌가!

끌어당기는 손
—존재의 이유

날카로운 날 세워 초침秒針 세는
시간의 입자들

하나에서 하날 보태면
둘 된다지만
옆구리로 끼어든 거짓말
제멋대로 수 불려 어질 머릴 만들다

정확한 모형 그려 놓던
컴퍼스와 확대경 어디로 갔을까

길 끝에서
또 다른 길로 접어들어 가 본다
들쭉날쭉하던 정情의 꼬리 촉
가지런히 정렬된
지느러미 하늘거리며
날 끌어 올린다 높은 다락으로

마음먹기 따라 길은
언제나 어디서나 열려 있다고

다독이며 밀어 올리며
지그시 끌어 잡아당긴다

수런대며 손짓하는 내 안의 길들.

오뚝이와 팝콘

끈질기게 덮쳐 오는 의심의 샘
'믿는다' 면서도
바큇살 돌아가듯 닿지 못할 가슴들

가다 오다 만난 사람
어느 별에서 왔느냐는 치사한 물음은 없기

스쳐갈 인연도 갚아야 할 빚이라고?
그야, 썩어질 창세기 하나 남김없이
00(空空)이 된다면 그도 좋겠지

그러나
무엇에 의미를 새기기엔 우리의
정신과 육첸 너무 늙고 썩어 버렸어

잘 익어 걸러진 향취로운 약주처럼
활딱 까뒤집혀 마구 씹히고 싶은

누
군
가
의

팝콘이 될 순 없을까 그 누군?

망가지는 것은 아름답다
—침대의 해체

왜 침대는 침대라고 해야 했을까
왜 침대는 침대여야만 했을까
왜 침대 소리만 들어도 눈꺼풀이 자동 개폐 될까

침대에는 무거운 자물통이 달려 있다
두껍고 벽이 높은 침대일수록 농아와 귀머거리가 자라난다
(머리통만 수두룩 내밀고 자던 검푸른 무명이불에선
발목은 시려도 훈풍이 돌았음을 기억의 원형은 알고 있다)

제가 제 올가미에 갇혀 점점 문드러질 침대
침대는 머잖아 노인성 반점 따라 샅샅이 해체될 터

그런데
왜 침대에선 즐거운 음악이 들리는 걸까
왜 흙으로 부식되는 달콤한 향기가 나는 걸까.

갈 망

귓속만 먹먹하게 울리는
나른한 오후 한 나절

허술한 지지支持대를
뿌리째 흔들려는
달콤한 졸음꽃

졸음꽃은졸리워야피는꽃인데요물먹이는세상과잠깐단절
할때써먹으면특효있다는데요참뿌리가질기지못하면꽃도
향내도없어찾아주는새도없다는군요잠을자도눈꺼풀들추
고요리조리살펴진구렁빠지지않도록조심해야죠

걸출한 이 손에
따귀라도 철썩 맞아 봤으면
정신이 번쩍 들게.

눈물겨운 우리 사이

구름 짙어지면 비 됨을 뉘 아니라 할까
사방이 차단되어 쿰쿰한 습지 냄새
설익은 사색思索이 슬며시
백기를 뒤로 내밀며 생색을 내려 한다

한사코 끼어든 훅싸리 껍질패
다시는 안 볼 듯 다투었어도
이마득한 머언 먼 전생에서
너와 난, 숨결까지 가까이 느낄 수 있는
그런 사이였는지도 모르지

내 복福 꺾어 남 줌도
남이 내 밥에 재 뿌림도
저마다 타고난 응보應報인 것을
칠락팔락 한다고 없어질까

찻잔에 김 어리듯
아슴히 감도는 그대 음성
내 죽고 그대 남아도
그대 죽고 나 남아도

인연의 다리에서 만난
눈물겨운 우리 사이, 잘 살아보자구요.

뱃멀미도 나겠지만

삿대질로 맞서는 창밖 두 여자
엉킨 자존 그물에 걸려
아옹다옹 다투어도
한 꺼풀 벗겨보면
모두 고만고만한 목숨

산다는 것은
출렁거리는 강물
엎치락뒤치락 절벽서 추락해
하류로 흐르다가
흙의 발부리로 스며들

파고波高 높을 땐
뱃멀미도 나겠지만
태풍 잠들면
말마디에 찔린 가슴
비단 무늬 짤 날도 올 거야

땅거미보다
저 먼저 가는 산그늘인 것을—.

어둠의 귓속말

"저벅 저벅"
어둠 울리는 창밖 빗소리 절 따라 오란다

늦저녁부터 전화선 타고
허공을 오갔던 말, 말마디들
새벽까지 갈피 못 잡고 제 자릴 빙빙 돌아친다

처음부터 위험 수위 알리는 대본이란 없었다
'우리 훗날 무엇이 되어 다시 만날 것인가' 하는
약속 따위도 물론 없었다

대롱대롱 매달려 빤히 쏘아보는 전구
물레돌일 치며 하얗게 일그러진 집기들

웅송그린 귀때기 헤집는 빗소리, 저 빗소리
맥없이 무너져 내리려는 배알 빠진 작심삼일

"저벅 저벅" 절 따라 오란다 강팔라진 가슴더러.

굳어 버린 돌의 손

밤새 길 떠났던 빗줄기 갈 곳 닿았는지
희붐한 새벽녘엔 물빛 나래만 고요히 접어 내린다

창문 여니 뒤쳐졌던 물방울 하나
호흡기로 튀어들어 쉴 새 없이 생기침 쏟게 한다

그렇게 왔었다
내 가는 외진 길목에 느닷없이 뛰어든 발자국은
심장의 그래프가 주파수를 휘저어도 받아주마
그러나 화음和音은 뿌릴 내릴 수 없었다
갈 수 없는 길이므로

마그마를 채 뿜어내기도 전 사화산 된 가슴
휘돌아 빠져 나가는 삭막한 바람 소린 색인索引이다
시간의 흐름은 상처를 아물게도 하지만
지워지지 않는 얼룩을 더욱 뚜렷하게 각인시켜 주므로

천 길 분화구 속
굳어버린 용암의 허전한 손
철 지난 빗줄길 또 몰아올 터인가 물어보고 싶다.

내가 나에게

한 치 앞 가로막는 안개다발 지역
좇기듯 붙여진 꼬리표
약력 보고란 생년월일(1945년. ○월 ○일~)

뒤의 사망死亡 숫자까진
부디 넓게 벌어지지 않았으면 좋겠다

살아가면 갈수록 걷잡을 수 없게
덧쌓일 죄의 발자취라니!

용서 마오, 그대
내 입에서 쏟아진 가시 말마디
북망산천까지 지고 갈 죄업이라니

눈물받이조차 척박해진 낯섦에
쩍쩍 균열 가는 내 육신 생애, 참 많이 아팠겠구나.

제3부

부르는 소리

'뻐꾹 뻐꾹, 뻐— 뻑꾹'
산야를 낮게 가로지르는 뻐꾸기 울음소리
귓속에 똬리 틀고 앉아
아스라한 기억 손짓해 불러낸다

파괴의 신 6 · 25 동란은
모질게 할퀴고 다녔고
그해 겨울 추위는 유난히도 매서웠다

시난고난 앓던 아버지
피난 간 외가댁에서 털컥 쓰러지고

불길하게 들려오던 여우 울음소리
길게 꼬리 물고 사라지던 밤
지붕 위에서 부르던 혼불도
밥공기 찢는 곡성哭聲을 막든 못했나

납세가 나풀거리는 오월 밭둑머리
동그마니 외롭던 가매장 아버지 묘소
철없이 싱아를 따먹노라면
'뻐-뻐-뻐꾹, 뻐꾹 뻐꾹'

눈감기 전 어린 자식들 안쓰러워
피 맺히게 절규했을 아버지 그 목소리—

원초적 본능

들판 가득 뽀얀 아지랑이
냅다 쳐 올리며
부산히 날아오르는 새 떼들

달아오른 밤나무 꽃향기

나무 둥치에 엉켜
떨어질 줄 모르는 연인
잉걸불 활활 타오르지

제풀에 덩달아
일렁이는 숨소리
넘실넘실 물결치는 청보리 물결.

봄의 나랫짓

겨우내 호된 시련 앓고
온 천지 팍팍 터지는 빨그레 꽃불

저, 저것 좀 봐!

엉기덩기 어울타
포개진 한 쌍 나비

어매! 뜨거워라
반쯤 눈 가린
노오란 무 장다리꽃

거시기
눈부신 새 생명 싹 틔울
원초적 향연 아닌가배.

폭 풍

뉘의 숨소리
저리도 거칠고 뜨거운 걸까

섶을 지고 불로 뛰어드는
저 어리석음!

엉겅퀴

황량한 들판 저만치 피어난 엉겅퀴
사철 이취異臭 맡고파 허기졌다

사랑의 촉수
공중파로 날려 뉘에게 붙기만 하면
확 불 질러 버리거나
태풍의 눈으로 틀어박혀
흠뻑 단물 들이켜고 싶었다

하지만 조준에 서툰 활시위
번번이 빗나가고 말아
눈먼 사랑의 허물만 번번이 벗어 놨다

천둥번개 우레 몹시 치던 날
온몸 뚫고 나간 피뢰침
황홀함에 눈멀고 싶었으나
눈부시고 목메어 내려놓았다

세월 할퀴고 간
추레한 나신裸身 보이기 싫어

이젠 그만 꿈을 접을란다
하늘의 별이나 되어
눈빛으로만 내 간절함 전할까 보다.

서로 찾지 않으면
—휴대 전화

많이 아프겠구나
날마다 두들겨 맞으니

아니, 가려운 곳 긁어 주는 것인지도 모르지

헌데 가장 중요한 것은
너와 나
서로 찾아 주지 않으면 어디다 쓸 건데?

문자 조각배

오늘도 당신 안녕하셨는지요

서로를 알고 이승 떠나기엔
스쳐간 간격 너무 짧은 조바심에
피곤한 잠 속에서조차 문자 날려보지만
메아리호는 급류에 떠밀려 좌초한 것일까요?

하루, 이틀, 사나흘……
들끓는 갈급에 강물도 때론 발버둥 친다지요

삶이란 스쳐가는 바람
그대, 오늘 이 문자 조각배 타시고
근심걱정일랑 물결에 띄워버리시구려

문자 메일 오늘도 내일도 띄우겠습니다
당신께 문자 메일 띄우는 일은 행복한 일입니다

당신이란 정박할 부두가 있기 때문입니다.

정적靜寂은 흐르는데

갈바람 손잡고
휭하게 떠나려는
빈사瀕死의 하얀 낮달

빛바랜 양광陽光
시나브로 내려앉은 베란다엔
'사빌레 사빌레'
가냘픈 풀벌레 소리
시라도 읊조리는가

해 기울토록
온종일 기척도 없이
입 꼭 다물고
엎드려 있는 전화

어쩌지, 어쩐다지
그리움은 대하大河로 흐르는데…….

이유는 그 뿐

이젠 잊어도 좋을
너의 이름 석 자 허공에 써 본다

낯가림 끝날 무렵부터
짝지였던 이름
잃어버릴까 두려워 두 눈 꼭 감고
손으로 더듬던 이름

내가 널 못 잊은 건
그리움 때문만이 아니었다
죽음이 서로를 갈라놓을 때
다신 불러 볼 수 없다는
지독한 아픔
다만 하나의 그 이유였을 뿐,

부-욱 북 문질러 나서 지우듯
꾹꾹 눌러서 쓰는 네 이름 석 자.

세월에 맡겨 둘밖에

주머니 속 폐기물처럼
늘 무지룩하게 달려 있는 종양
사실무근 소문의 꼬리

새살 돋는 연골 발라도
시도 장소도 없이 끈질기게 파고들어
덧나는 상처

맹랑한 소문
한 순간 깨뜨려버릴 묘약 없을까
까뒤집어 보일 수 없는 답답 울화증

진작 알았어야지
꽃이 없어도 무화과나문 열매 맺음을

변명은 극약처방 될 수 없어
이드거니 세월에 맡겨 둘밖에.

환희의 통증

곁을 더듬으니 네가 잡힌다 자만自慢을 코끝에 걸고 높은 층계 향해 내달으려 해도 내 안에 시퍼런 강물 허릴 틀어 물굽이 치면 참을 수 없는 이끌림에 손끝에 기를 모아 너를 향한다 뽀얀 솜털 가지마다 살아있음의 기쁨이요 피부가 벗겨지도록 쓰다듬어도 부피는 눈금만큼도 줄어들지도 닳지도 않는구나 참으로 놀랍도록 아름다워라 오관에서 뿜어져 나오는 기로 이 세상 모두는 얽혔다 흩어졌다 모이니 움직이는 모든 것들 하늘도 구름도 바람도 모두가 꿈틀꿈틀 싱싱한 휘파람 소릴 내는구나

고맙고 고마워라 손끝에 기를 모아 다시금 널 어루만진다 먼 훗날 깊은 잠 속으로 고이 놓여 질 솜털 한 올도 놓치지 않으려 어루만지려니 내겐 아픔일밖에.

내 님에게 찬미를

푸른 하늘에서 흰 양 떼들과
술래잡기 놀던 짓궂은 먹장구름
후드드득 비 떼들 몰아오니
눈·귀 씻는 초목들

다른 애들은
제 할 몫 다하는데
'넌 언제나 빈 쭉쟁이냐'
빗물세례로 생기 돋워주시는 하느님

반짝 여우비 그친 뒤
산봉우리 사이로 걸린
찬란한 일곱 빛깔 무지개

콧날 갑자기 시큰해짐은
이 못난일 지켜주시는
당신 사랑에 감읍感泣한 때문일러니

조물주를 찬양할지어다 내 영혼아!

수석壽石 닮았다면

질곡의 삶 걸어온 사람일수록
오석처럼 단단한 형질을 지녔으리
문양紋樣도 아름다워 갖가지 향기 풍기리

푸석돌 아닌, 몽돌도 아닌 오석에
다채로운 문양과 형석 갖췄다면
바람구멍 하나쯤 뻥 뚫어져
맺힌 가슴 시원하게 풀어 줄지도 몰라

풍우風雨에 갉아 먹혔어도
자신 다스려
초연히 함묵하는 수석壽石 닮았다면
오래도록 마주 볼 사람 아니라 하리.

시詩 낭송은 흐르는데

님들
편편히 쏟아내던
주옥같은 아름다운 시어詩語

내 정수리에
꽃비로 내려
황홀경에 잠기다가
반짝이는
별빛으로 찬란히 빛나다가

조물주의
"내 모상模像대로 만들었으니 아름답도다."
하신 말씀 이제야 생각나

무르팍 탁 쳤네!

순리를 찾아

낙엽 밟는 소린 좋지
칭칭 엉킨 삶의 애환 들려주니
생성과 소멸
이분법 가르쳐 주니

낙엽 타는 냄새도 참 좋지
혼불 하나, 둘, 셋
나풀나풀 승천해
안식처에 머무를 테니까

나목裸木은
새 생명 층계로 서서히 오른다
봄을 탄주하며
깊은 겨울 침묵 속으로.

실수난발 연속

가슴속에서 늘 들끓는 오갈잡탕
시도 때도 없이
혼란의 미궁으로 빠뜨려
진즉부터 떼어버리려 별렀었는데

오늘도 헛수고만 했다

진드기처럼 매달리는
욕망이란 전차에
널 띄듯 승차하면
나도 내게 헷갈려
어떤 쪽으로 방향 틀지 캄캄해진다

이쯤에서 날 내려놓는다면
너도 나도 없을 것을
번번이 날 함락시키는 절망의 늪

청맹과니, 오늘도 실수난발 연속이다.

아지랑이

사랑하다 헤어지다
다시 만나는 근원根源의 뿌린
어디서부터 시작되는 것일까

매양 종기로 곪았다 터졌다
아물었다 곪아터지는
어쩌지 못할 인연의 덫

넘볼 수 없는 신神의 경계

밝새 향해 기도드려도
일몰日沒의 노을 깃에 매달려도
뽀얗게 일렁이는 운무雲霧

언제쯤 조요롭게
천상 날게 달고 날아볼기나.

꿈같은 어느 봄날의 아지랑이

마지막 눈물 위해

마음을 이어주는
사랑과 이별의 시선집詩選集 보다
그만 책을 '탁' 덮은 채
두 눈 감고 말았습니다

편 편마다 실려 있는 사연은
내 역사의 장이며
그건 또한
당신의 장이기도 합니다

우리 멀어진 것은
서로가 싫어서도
미워서는 더 더욱 아닙니다

마음과 마음을 엮던 사람아
지금은
울고 싶어도 울 때가 아닙니다

깊은 숨 몰아 쉴 때
마지막 흘릴
단 한 방울 눈물을 위해…….

잃어진 날 찾아

나들목 입체 교차로
빗물에 해맑게 세수한 초목들
나풀나풀 까르르
낭자한 웃음소리 진동한다

배꽃보다 더 순연純然했던 내 모습
어디로 가고 없는 것일까?
목덜미 조이던 탱자나무 울타리
굵은 주름살 새겼지

돌아올 줄 모르는 역신逆臣의 딸

바람은 언제나 마모시키는 걸 좋아하지
날카롭던 침도 허깨비로 남았을 뿐

사신死神의 그림자 찾아오기 전
잊힌 날 찾아
시간 속 긴 여행이나 떠나 볼일이다.

미늘 가시꽃

아린 속앓일 증식시키는 포자

불내 없는 굴뚝에도 연기가
풀풀 나는 별나진 세상
말들이 가시 덩굴 철갑을 치네

눈에 홑 꺼풀 쓴 무지렁이새
어깨만 빠지면 나올 수 있다고
비비적거리다 온몸에 찔린 가시

갓 피운 새순 동그랗게 말고 들어가
한 천 년 고치로 잠자다가
탈각하는 날
빛 누리 훤한 세상으로 날아 볼까

지레 마침표 찍고
깊은 잠에 들고 싶은 미늘 가시꽃.

* 미늘 : 거스러미 모양으로 생겨 물고기 아가미에 꽂히면
다시는 빠지지 않는 낚시 고리

거품이 들려 준 말

뭍으로 오르려다
눈물 자국만 줄줄 남기기를
되풀이하는 하얀 포말

필경,
평생 무거운 등짐 지고
높은 곳 오르다가
떨어져 죽고 마는
부관이란 벌레를 닮고 싶었던 게지

쓰디쓴 소태를
전신으로 달려들어
핥고 애무하려는 날
속창 없는 천치라 놀려댄다만

잇속 따라 돌기에 바쁜 닌
퍼렇게 멍든 눈물인들
언제 한 번 제대로 흘려 볼 건데?

제4부

끝이라고 말하지 말게

칼바람 사이로 줄넘기하는 꽃 이파리
온 천지 꽃 무덤이라 한들
꽃 진다고 서러워 말게나
다시 돋아날 파릇한 잎사귀

돌개바람 몰아치면 세상 얼어붙고
가슴도 얼어붙어
다시는 뛰노는 숨소리 들을 수 없을 성싶어도
겨울 가면 어김없이 술렁이는
따사로운 봄빛 입맞춤

그러니 그대,
슬퍼도 외로워도 꿈을 갖으시게나
꿈은, 삶의 목숨
이 세상 떠나면
갖고 싶어도 못 가질 꿈을 품으시게나

먼 훗날, 지나온 길 돌아보면
그 길 이리도 아득해 멍울졌던 가슴마저 풀어져
내 그림자도 환히 밝아지거니

사뿐히, 빙글빙글 웃으며 내리는 꽃잎
이 세상에 끝은 없다네
내일을 위한 새로운 시작일 뿐…….

시간을 당겨라

외롭게 저 홀로 키를 돋우던
젊은 날의 내 꿈들
회향回向 그물에 걸려 꿈틀거리다

잡으려 손을 뻗치면
포르말린에 말린
나비 날개처럼,
화사하게 부서져 내리고 말건가

기우는 해 밝히려
제 몸 활활 태우는 노을도 있거니
아직도 늦지는 않아

겨드랑 속 깊이 포개뒀던 꿈들
한 번쯤 날갤 달아보게
시간 끌어 당겨 불 밝혀 볼 일이다.

기로에 서서

어둠을 어둠이라 말 못하고
박제된 올빼미처럼
철저히 거세당한 목젖

울화 돋운 칼바람에
곱 찔린 발목 시큰거리다
('아직도 피돌기를 하고 있다니!')
칼칼한 통증에 비로소
내가 살아 있음을 알겠다

길은 한 길뿐인데
발목의 부기 빼야겠지
하늘 푸르고 발 땅에 닿아 있어
아직은 내가
살아 있어야 할 이유로 버티기

질긴 덫에 채여 비틀거려도
오래잖아 끝날 형량의 유예기간

날 놓아주는 가뿐함 위해
기우뚱 살아가는 연습 중이다.

소음은 질색이야

꿀 먹은 벙어리라니
비밀 없으면
매력 없는 종자와 같다기에
스리슬쩍 넘어가려고 했지

그치만 그게 아니었어
덮고 다독일수록 점점
눈덩이처럼 제멋대로 커 가는 술수
실체를 알게 된다는 건
사람을 쓸쓸하게 해

가끔은 나도 내 소리를 내고 싶다
음정박자 튀면 튀는 대로,
얼버무리면 얼버무린 대로
살아 있음의 외마디 소리를

허나, 넘치고 처지는
그 많은 허물 어찌 다스릴까
소음이 될 바에야 참고 말지.

딱총새

검은 안개 띠 눈 가리면
지렁이도 방향 틀 줄 아는데
한 길만 길인 줄 아는 바보 못난이

지청구 받던 세월이
뒷걸음치며 일깨워 주었다

뉘 가슴으로 들어간다는 건
온전히 날 내려놓아
네 흠집 가려 주는 것이야

발갛게 얼 부푼 손 고이 감싸던 날
부리로 네 날개깃 골라주며
비로소 날개접다 딱총새.

소금 간을 쳐야지

내가 돌지 않고 사는 까닭은 단 한 가지
곰곰 따져보니 돌았기 때문이다
돌지 않았다면 돌 수가 없지

전경과 시위대 치고받는 난타 공방전
제 혈육에 총부리 들이댄 동족상잔 다시 출현했는가
눈 감아도, 떠도
세차게 머릴 흔들어 뿌리쳐 봐도
기어이 영상映像 안에 뿌릴 내려 진저릴 치게 한다

누대에 걸친 철천지원수도 아닐 터
국익을 앞세운 사분오열된 극렬한 파괴력
필시 조상적부터 잠재돼 온 피 내림 탓일까

욕된 세상, 닭똥집만도 못한 배알을 빼놓고 사는
나라는 인간 무던히 잘 참고 살아간다

야누스의 두 얼굴 언제까지 목숨 줄 이어갈지
후렴 소금이라도 듬뿍 쳐 간을 봐 두어야겠다.

녹슬은 도시

눈먼 바람을 몰고 오는
말(言語)의 총부리
우르르 몰려다니며 휜 소리친다

짓밟힌 참의 실체는
혼돈의 사각지대
때때로 양심의 벽을 뚫고 나와
마각의 야성野性을
거침없이 드러내는 집요한 파괴력

맨홀 속으로 숨은
시력 잃은 안경알과
항거의 깃발은 질식사한 지 오래다

멍든 가슴,
꺾어진 허리
이 땅 어디를 둘러 봐도
도시는 지금 녹슬어 폐혈증 앓는다.

빼꾸기가 따로 없지

정보통신면 온통 잠식 난립하는 괴소문
나라 안팎이 동티라도 났나
씻김굿이라도 해야 할 판

어허, 살았는가 죽었는가
깜부기불 닮아가는가
오물 찌그려놓고도 뒤 안 봤다고 오리발 내밀어도
내동 비겁하게 허릅숭이 넘어가는

「기척 내며 움죽거려도
숨은 반쯤 날아갔구나!
황천명부黃泉冥府전에 이름 걸 지경이니
오보誤報라는 정정 기사 출타 중인지 감감 무소식
당쟁에 휘말린 어지럼증 이명耳鳴은 언제쯤 풀릴 거나」

살아가기 힘든 세상 실어내느라
시뻘건 강물도
턱관절 무릎관절 꺾어 내린 채
저리도 뒤척거리며 황토물로 흘러가는데

검다 쓰다 입 싹 씻고 남 입에 편승해 살아가니
기생부화 하는 비겁한 빼꾸긴 바로 날세.

* 산란을 앞둔 빼꾸기는 붉은머리오목눈이(일명 '뱁새') 둥지를 찾아가서 오목눈이 알 2~3개가 있으면 알 하나를 둥지 밖으로 밀어내고는 제 알을 넣어 키우도록 하는 습성이 있음.

풀꽃 점치다

두터운 아스팔트각질 틈새
용케도 비집고 나온 풀꽃
산들바람 타고 앉아
바람의 일기를 점쳐 본다

오늘은 또 어느 쪽에서
싹쓸이바람 불어
꿍꿍잇속 따라
빌붙던 좀생이들 우수수 떨어질까

이름 없는 풀이라고 얕보지 마라
가면 쓴 종자들보다야 훨씬 윗길인걸

타고난 천성의 끈질긴 뿌리
땅속 깊숙이 발 뻗을 때면
발가락 촉수마다 환히 열리는 세상 이치

내일에 희망 걸고 오늘을 산다.

눈 먼 물고기

가뭇없어라
해맑던 눈도 녹슬면 벌겋게 변하는가?

시류에 뒤떨어져
겅중깅중 뛰는 미알 같은 삶
다 늦게 육각현 잡고
닐리리 풍악 울리며 살자고
죽을 둥 살 둥 양심 구멍 틀어막고
냅다 강물 쳐 올리며 튀어 오르는 눈먼 물고기

쌍무지개 타고
오색구름 발아래 거느리다가
"탁" 떨어지는 순간, 행여
이승이 저승보다 더 멀어지는 건 아닐까 몰라

끝끝내 소맷자락 부여잡고 놓지 않는
'욕망'이란 올가미
버르적 버르적
마른 땅에서 사투 벌이누나. 눈 먼 물고기.

모두들 가고 있겠지

자정 직전, 베란다 유리창 앞에 선다
한 아름에 달려드는 툭 터진 야경夜景
무지갯빛 네온사인 밤〔夜〕꽃 떨기들이 눈부시다

왼쪽 산허리를 틀고 언덕배기 내려오는 찻길
신호등 불빛에 번드르르 젖은 빗길이 도루래 되어
양편으로 차들을 끌어올렸다 내렸다 한다

조금씩, 조금씩 턱을 낮추며 내려오던 차들이
밤 그늘에 묻혀 자취 없이 사라지니
모두들 어디로 가고 있는 걸까, 시방?

문득, 돌아보면
지나쳐 온 모든 길은 그 흔적들 남긴다
물살 세찬 여울목에서의 거친 숨소리
잔잔한 갯여울에선 물무늬도 보드라웠지

한사코 더불어 걷고자 원했으나
전혀 생각도 않던 딴 이와 걸어온 삶일지라도

오랜 세월 함께 다져왔다면
버거운 세상 떠받치는 버팀목으론 제격이겠지

더러는 이미 익숙해진 사람이 곁에 있음을
다행이라 여기며 집을 행해 달려가겠지
쏟아지는 빗발 뚫고
도르래에 걸린 두레박되어 지금 가고 있겠지.

돌팔매는 안 돼

어제는 천둥번개 볶아치더니
오늘 아침은 새침데기 처녀 같구나

한가로이 구름 떠 흘러가는 시냇물,
조약돌 틈새 가재랑
피라미 입질하기에 바쁘겠지

휘파람 불며 어슬렁거리던 사내
핑그르르 공중제비로 날린 돌멩이
순간, 공기를 가르는 물살의 비명 소리!

고통은 저리 칼끝 세우는가
철없는 내 돌팔매에
몸서리친 이는 몇이나 될까?

흰서리 늘어나매
자부락거리는 바람조차 잠재워야 하리
내 생애 멋진 팡파르를 위하여!

향기로운 관冠을

아침부터 성토대회라도 여는 걸까
미루나무 우듬지
악머구리 끓듯 지저귀는 까치 떼

저마다 목청 돋워 잘났다고 돌아치니
훈장이라도 달아 주랴

연못에 떨어진 무연憮然한 까치 똥
수다스런 파문波文 잠시 후 사라지나
소문 퍼뜨리기 명수인
제 버릇 개 못 주는 까치 닮은 입, 입, 입
입을 살인무기로 삼지

한나절 갈참나무 가지에 앉아
눈망울만 도르르룩 굴리는
이름 모를 새 한 마리
세상사완 초연한 듯 번잡 속에 고요 심으니
바로 향기로운 관冠일세 그려.

일침一鍼 맞다

비위에 거슬리는 눈엣가시를

맘속으로 쓰레기라고 되 저울질하니

앗, 불사!

제 속 쓰레기 벌떡 일어나

남 흠집 들추는 자者일수록

갈 데 없는 인간쓰레기라고 일갈을 하데

인간의 몸을 각루자라 했던가!?

＊각루자 : 오물이 쏟아져 나오는 포대

홀로 사느니

갈 길은 멀고 마음은 앞서가
야바위 호객꾼의 선전에
허겁지겁 타고 보니
아차, 욕망이란 이름의 전차

속 창자 빼놓고
벌겋게 녹슨 눈과 입
거푸집에 얹혀 사는 거이
내겐 걸맞아 허허허 웃었것다!

그래도
사막에 홀로 사느니
부대껴도 어깨 기댈 이웃 있음은
얼마나 눈물겨운 일인가

사는 거이
뭐 다아 그렇구 그런 거지
아픈 가슴 다독이니
천공에 떠 있는 달도 따라 웃더라.

시詩 짓다 말겠네

착지着地 못해 안달복달하던 시어詩語들
열대야 기승부려 밤잠 설쳤는데
밤〔夜〕이 채 옷 벗기 전 꼭두새벽부터
소나무 숲에 매복한 재바른 봄매미 1개 군단
쓰르르륵 쓰르르륵
귀청이 떠나가라 일제히 퍼붓는 기총소사

건들바람 불 무렵에야 겨우 든 새벽잠
고약한 매미들의 직격탄 맞고
어디론가 뿔뿔이 흩어져 달아났다

—얄미운 봄매미 게릴라 군단
일시에 꼬리 감추고 잠시 숨을 고른다.—

그 틈서리 비집고 날쌔게 정수리로 뛰어든
미처 아물지 못한 시어詩語 몇 알갱이
팔자 편케 공상이나 즐기라며 까깔깔 손뼉치니

식전부터 공연스리
허공에 시집〔詩家〕 짓다 헛물켰나 싶으이.

공동묘지

날기럭 날아가는 청매빛 하늘
바람도 싸늘한데
달 밝으면
아래층, 위층 산소들 반상회 열겠지
진토 된 망자亡者들 귀천 없을 터이니
폼 잡을 일 없을 거야

세상살이 정말 별것도 아닌데
눈물겹다 할 일도 없는데
언젠간 이곳에 묻힐 몸

묘비명은 백지로 남기리.

표징이 내 몸에

고사리 손이 그렸을까, 부활절 계란 한 알
초록 볼펜으로 그린 십자가 교회
목가적 풍경이 눈에 설기만 한 것을 왜일까

언제부턴가 내 안에서
서서히 부서져 내린 성가聖歌의 파음 소리
파열된 목구멍에서 쉬쉿 헛김만 샌다

안주安住란 넉살 좋은 이들의 차지
도처에 흩어져 있는 압징의 침봉

아! 아직도 그이는 날 기다리는 걸까
기다리고 있는 것일까

보라, 용틀임 다해 껍질 깨지 않고선
하늘을 날 수 없는 새들의 날갯짓을
조물주 눈빛은 언제나 형형하시다

내 안의 단단한 껍질 막膜을 깨고
서서히 한 발을 들여놓기 시작해야지

다시 태어나기 위한 막을 배태하면서.

흰소리 한 마디

산처럼 우렁찬 울림소릴 낼 수 있는
가슴팍 큰 사나이 팔에 팍 안겨 봤으면
간이 부은 그녀가
어쩌다 하늘이 바늘귀만큼 쪼만케 보일 때
했던 말이 옹이 박힌 관솔낭구 마냥
자꾸 눈앞을 횟닥거린다

허긴 광폭한 호흡을 내뿜는
큰 낭구 아래 팔자 좋게 누워
그가 흘린 숨소리 하나
주워들을 수 있다면 오죽이나 좋으랴만
요즘 세상이라는 거이
별별 요상케 돌아가니 어찌 머린들
텅텅 비지 말라는 법이 있을까 보냐

'쥐구멍에도 볕들 날 있다' 지만
서말 막대기 휘휘 저어도
건질 게 없는 빈 깡통이
말로만이라도 냅다 바위를 치려는가 보다

모든 거이 다 말짱 헛것이여,
헛말을 이제 아조 내려 놓으려 하네.

바람의 끝자락

바람의 끝을 찾아본다

탈색해 버린 옛 이야길
허튼짓일거이나 미련의 싹 남아
심장의 밑바닥 여기 저기 들쑤셔본다

치기 어린 짓거리라고
비웃어도 괜찮다
이 세상 첫 발자국 떼어 놓을 때부터
치기 아닌 것이 어디
있기나 했던가

불순한 음모로
우리 눈 맞춤했을 때도
치기 어린 바람은
늘 팽팽하게 활시위를 겨누었던 것을

하지만 어느새
반짝이는 물비늘처럼
두 손바닥 사이로 새어버린

바람의 끝을 찾아본다
지금은 가고 없는 바람의 끝을
버릇처럼, 버릇처럼—

님 그리매

심장의 열기 잠재우려
뒷동산에 오르니

언덕배기 아래로 굴러 내리는
투명한 햇살

정담 나누던 바위에 걸터앉아
먼 하늘 바라보니

아릿한 통증으로 물결치는
수채화 속 얼굴 하나

외로운 섬처럼
멀리 떨어져 있구나 그대는

천년의 학 울음으로 울까
길게 뿌리 세운 목.

엮고 나서

첨단의 현대를 온몸으로 겪으며 미래 지향으로 치닫는 인간관계에서 자신만의 색깔과 향기를 간직하고 자기의 목소리에 채색을 하기란 그리 쉽지 않음을 느낍니다. 그러나 업보처럼 쥐어진 이 길 또한 신의 은총이요, 축복이라 여기기에 신명을 다하렵니다.

"사물로서 존재하는 것은 시어이고, 도구로서 존재하는 것은 소설어이다."라고 싸르트르가 언어에 대하여 말하였습니다.

앞으로 묵묵히 사유의 깊이를 더해 가다 보면 언젠가는 더욱 향기롭고 탐스러운 열매를 맺게 되리라고 믿습니다. 여러분의 끊임없는 관심과 북돋아 주실 용기를 기대하며 하늘 아래 모든 분들께 감사를 올립니다.

2006년. 겨울 녘

날기럭 날아가는 불광산 기슭에서

書映 申 東 明

신동명 시집
슬픔의 반란

초판 발행 2006년 11월 13일
재판 발행 2009년 12월 10일

지은이 | 신 동 명
펴낸이 | 윤 해 규
펴낸곳 | **을지출판공사**

등록번호 | 제 2-741 호
등록일자 | 1985년 2월 14일
주　　소 | 서울시 마포구 서교동 394-81 홍익B/D 3층
우편번호 | 121-840
전　　화 | 02) 334-4050 · 4090
팩시밀리 | 02) 334-4010
E-mail : euljipub4010@hanmail.net

값 8,000원

ISBN 978-89-7566-102-0 03810